DEDICATED TO ALL THE PEENS & VAGENES

& EVERYTHING IN BETWEENS

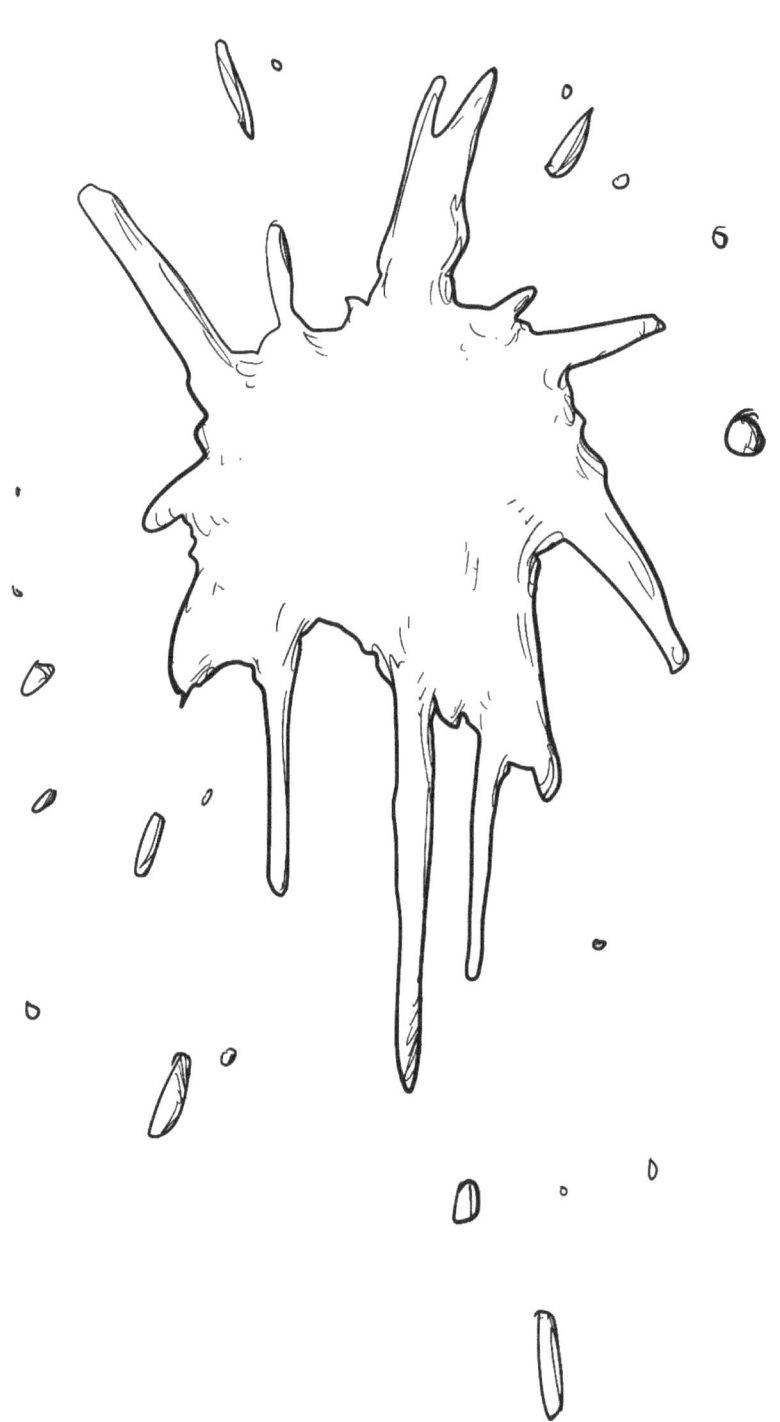

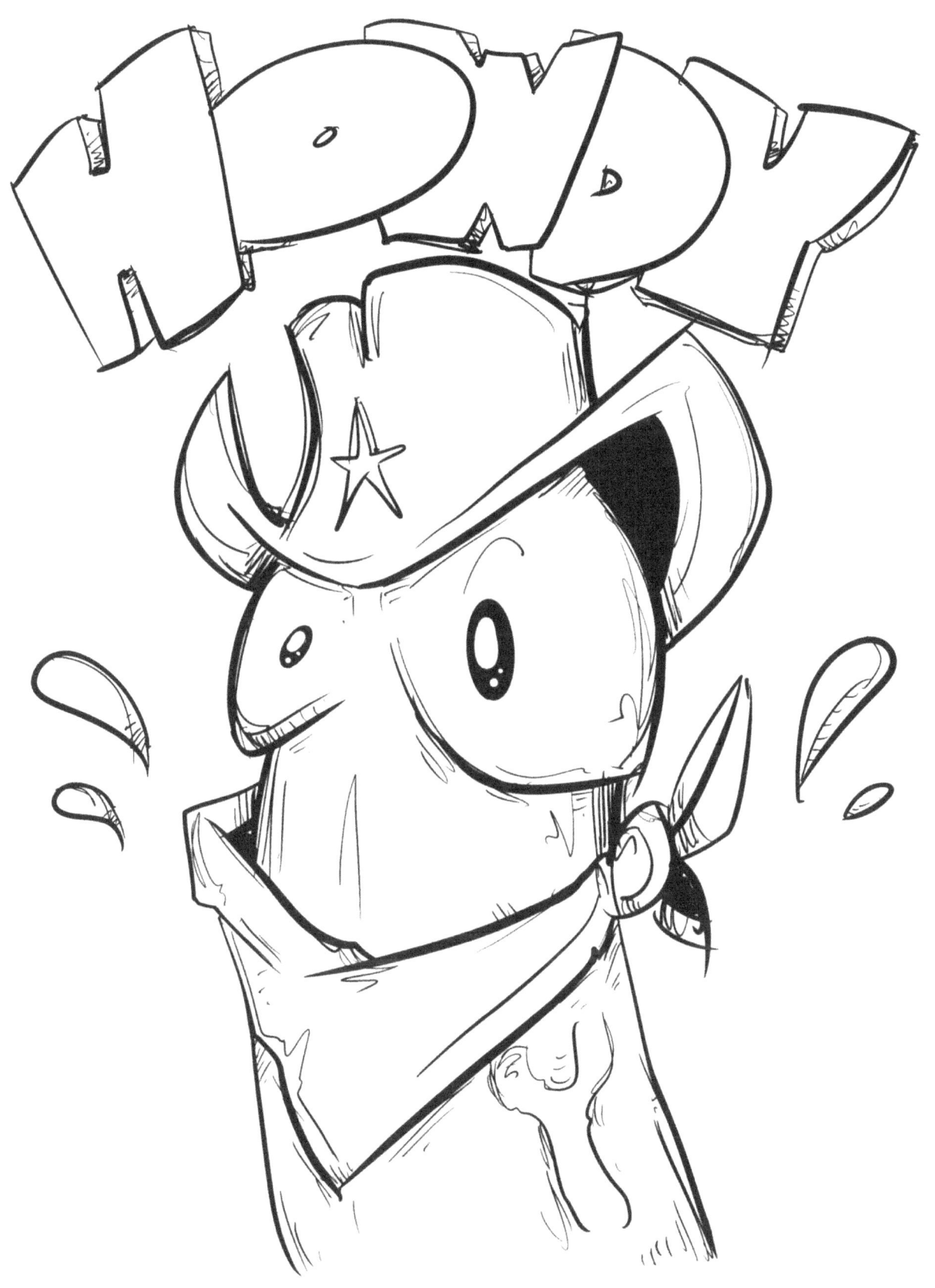

TAG YOUR FINISHED ART #LVBCOLORING
©LUDWIG VAN BACON ART 2023

schlong & meat wallet

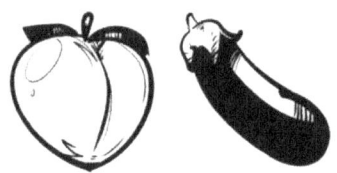

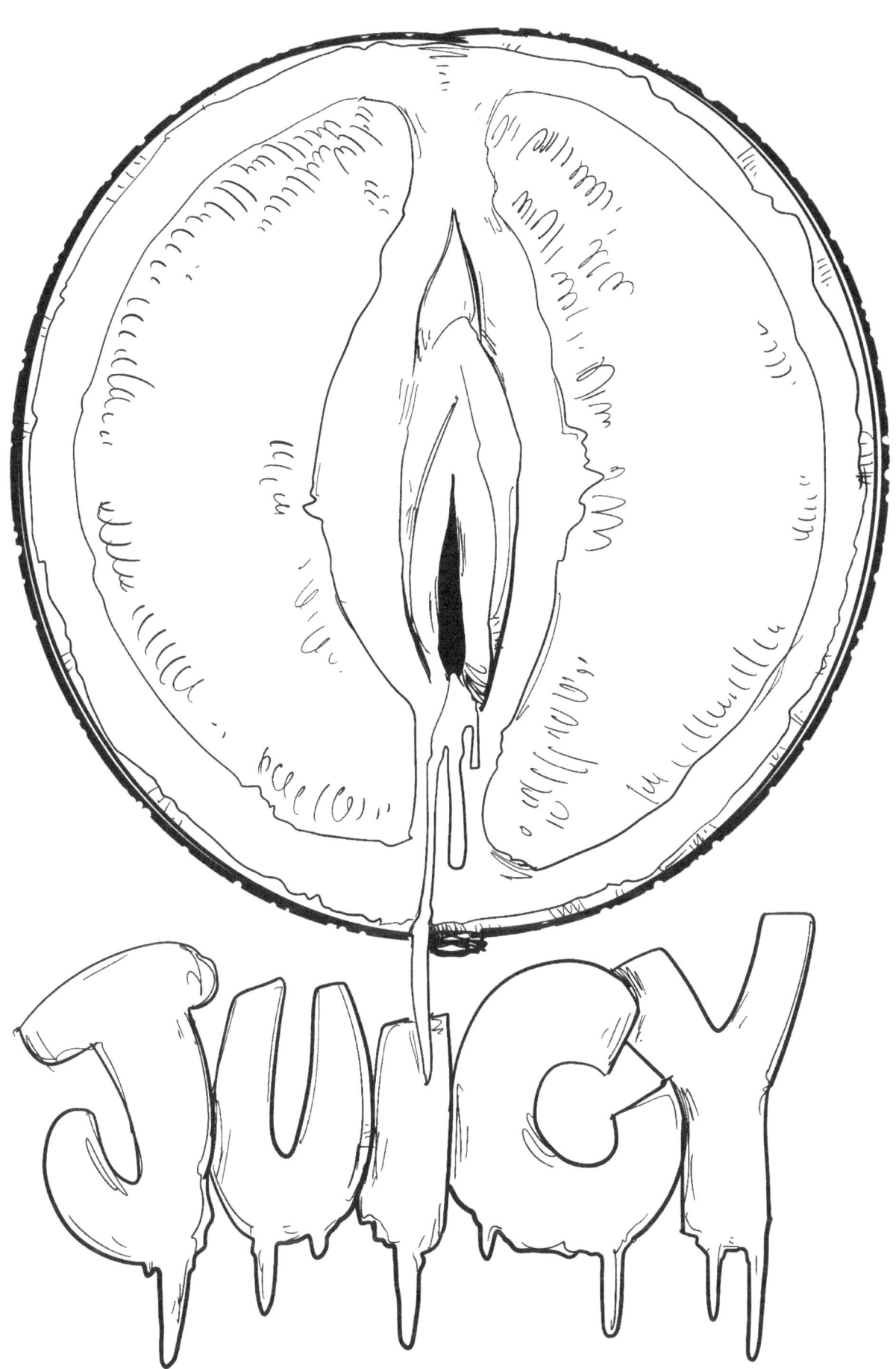

meat popsicle & beef curtains

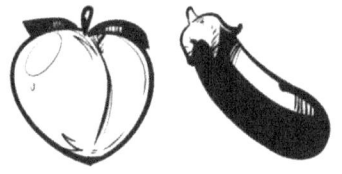

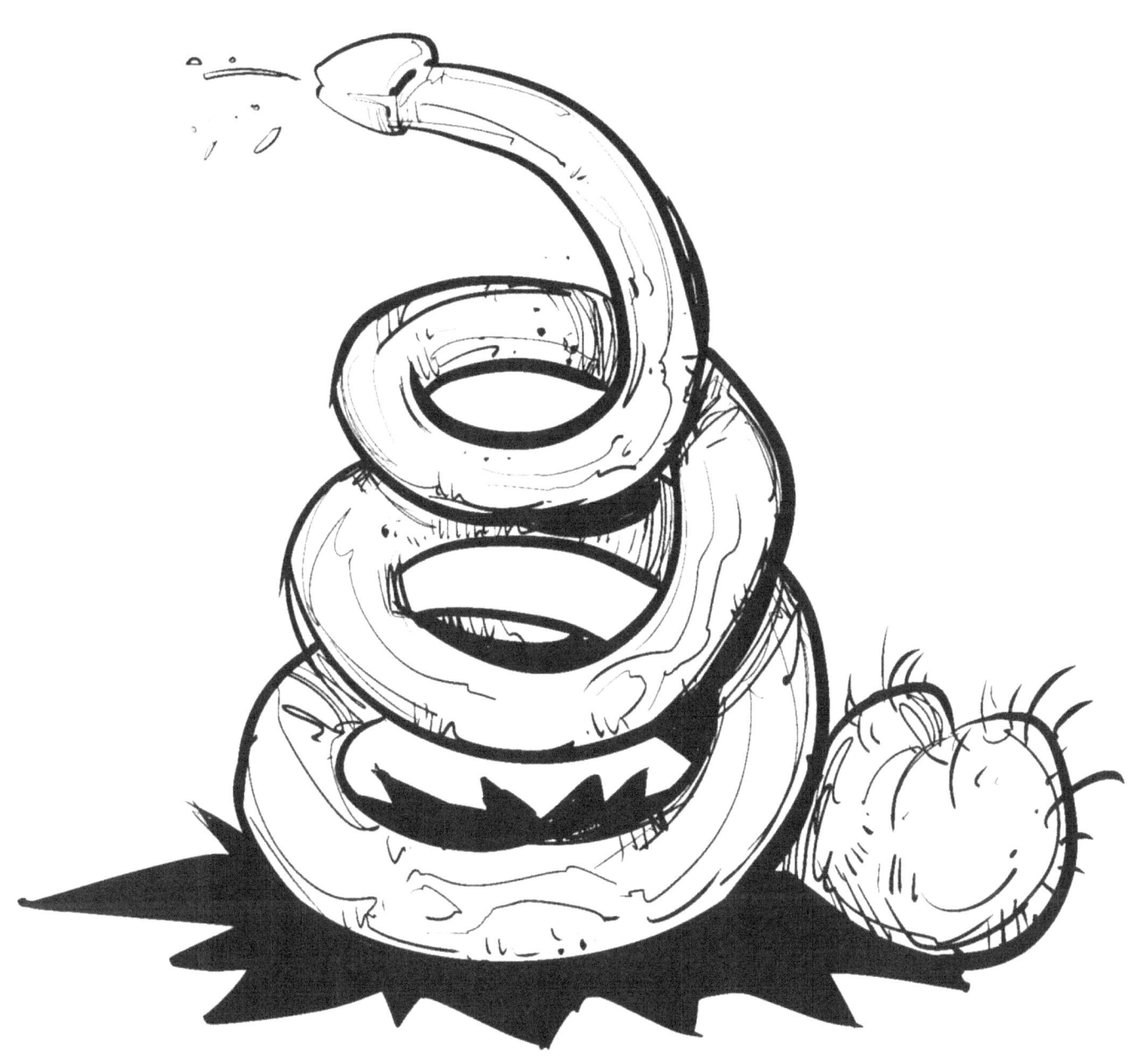

skin flute & axe wound

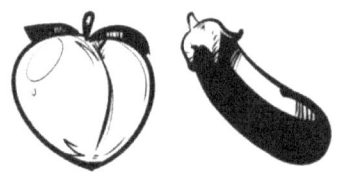

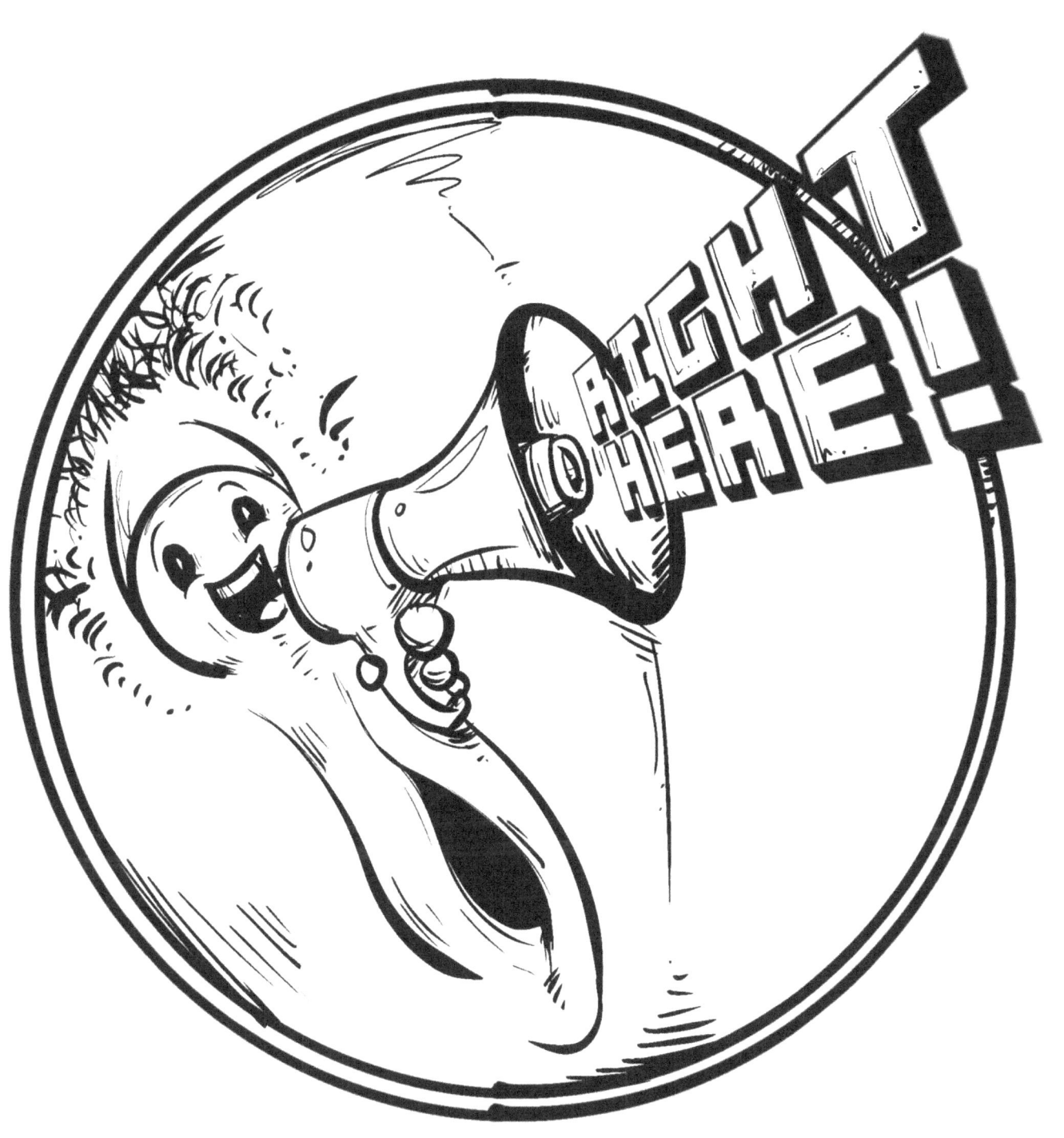

sausage & pink taco

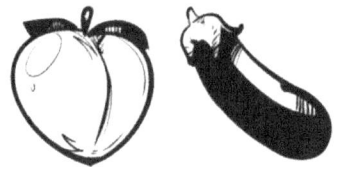

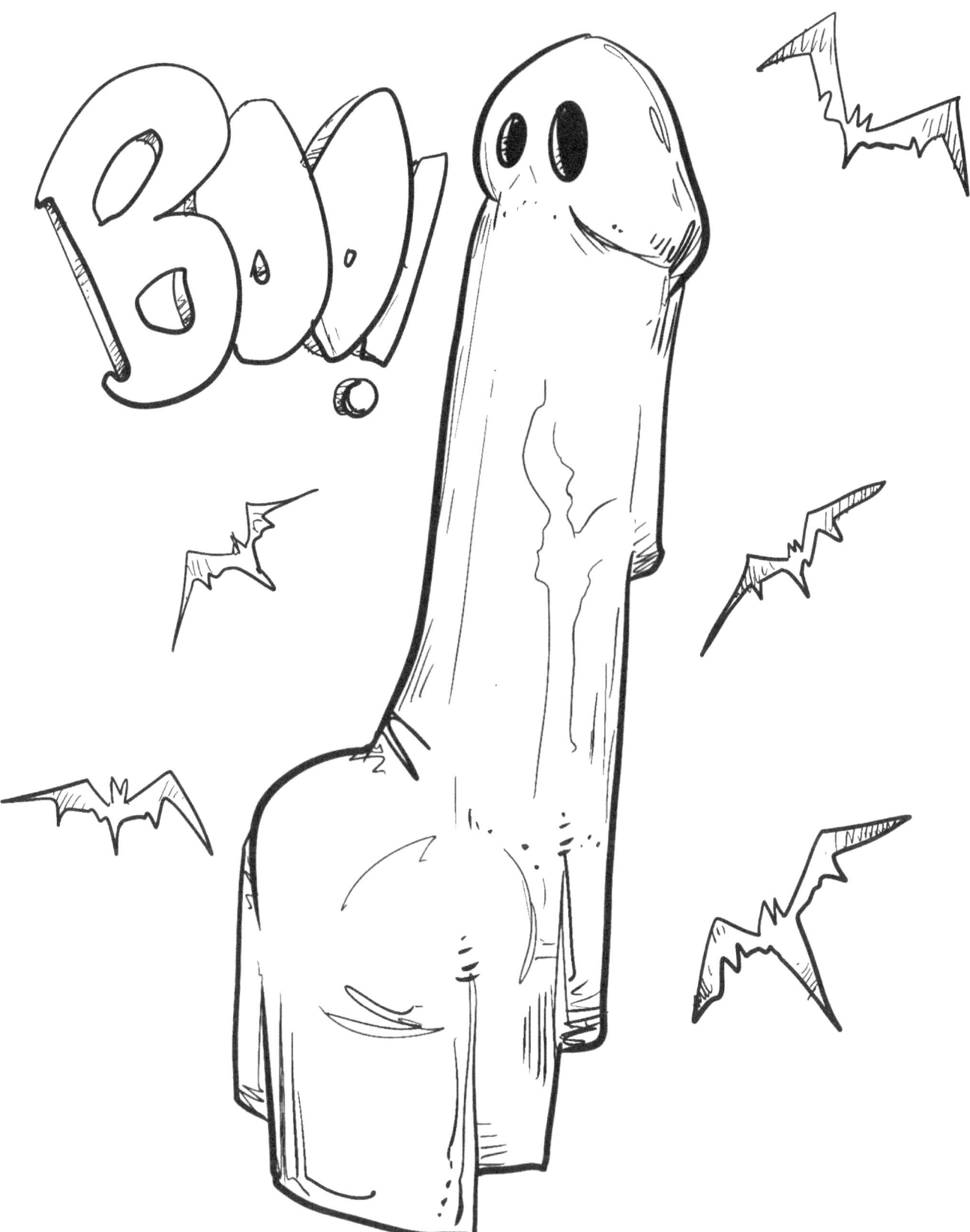

tallywhacker & tampon tunnel

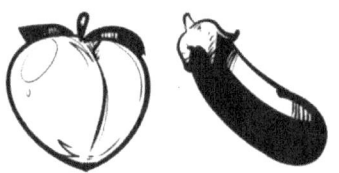

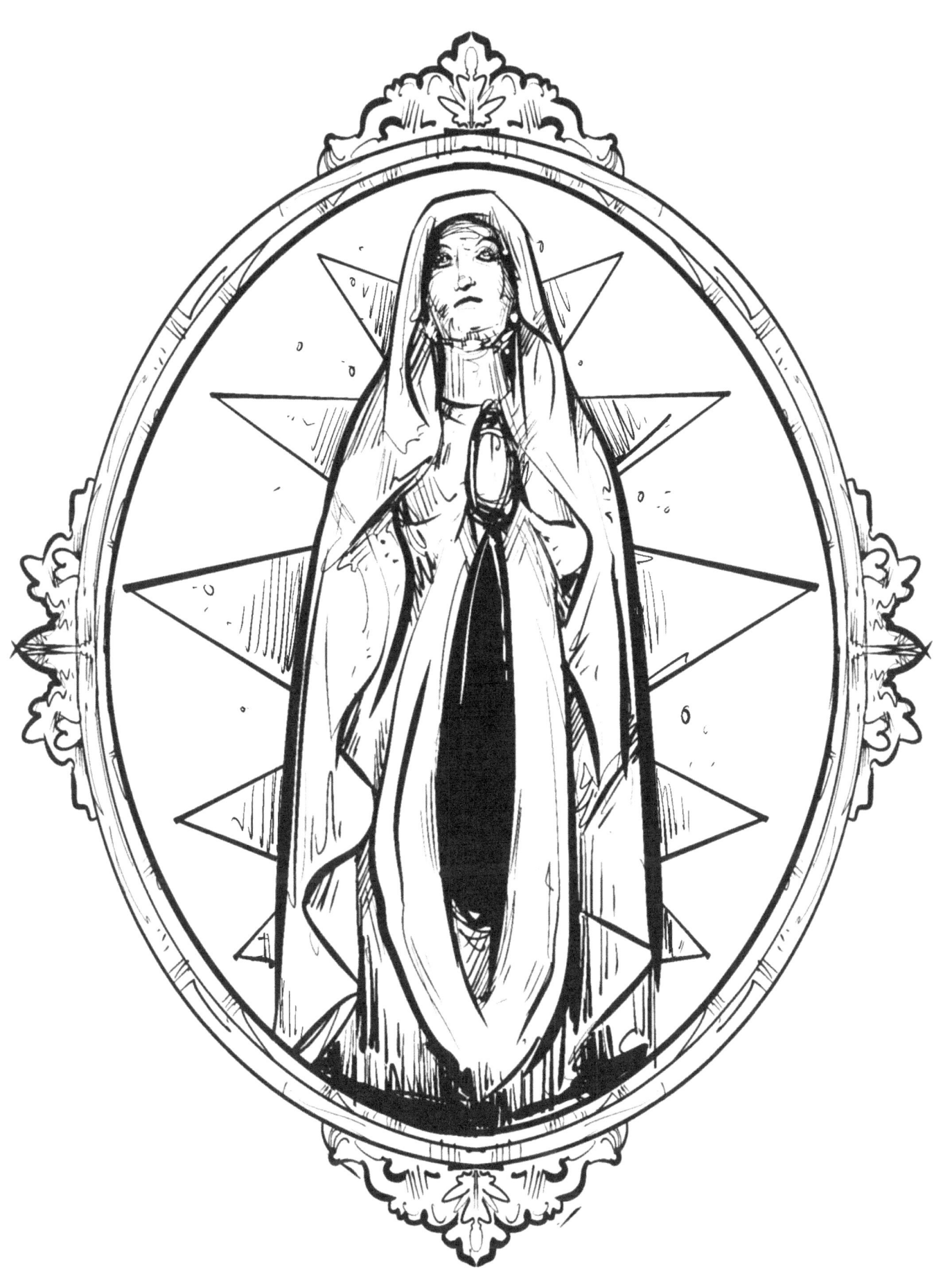

jack hammer
& snatch

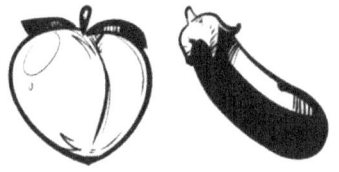

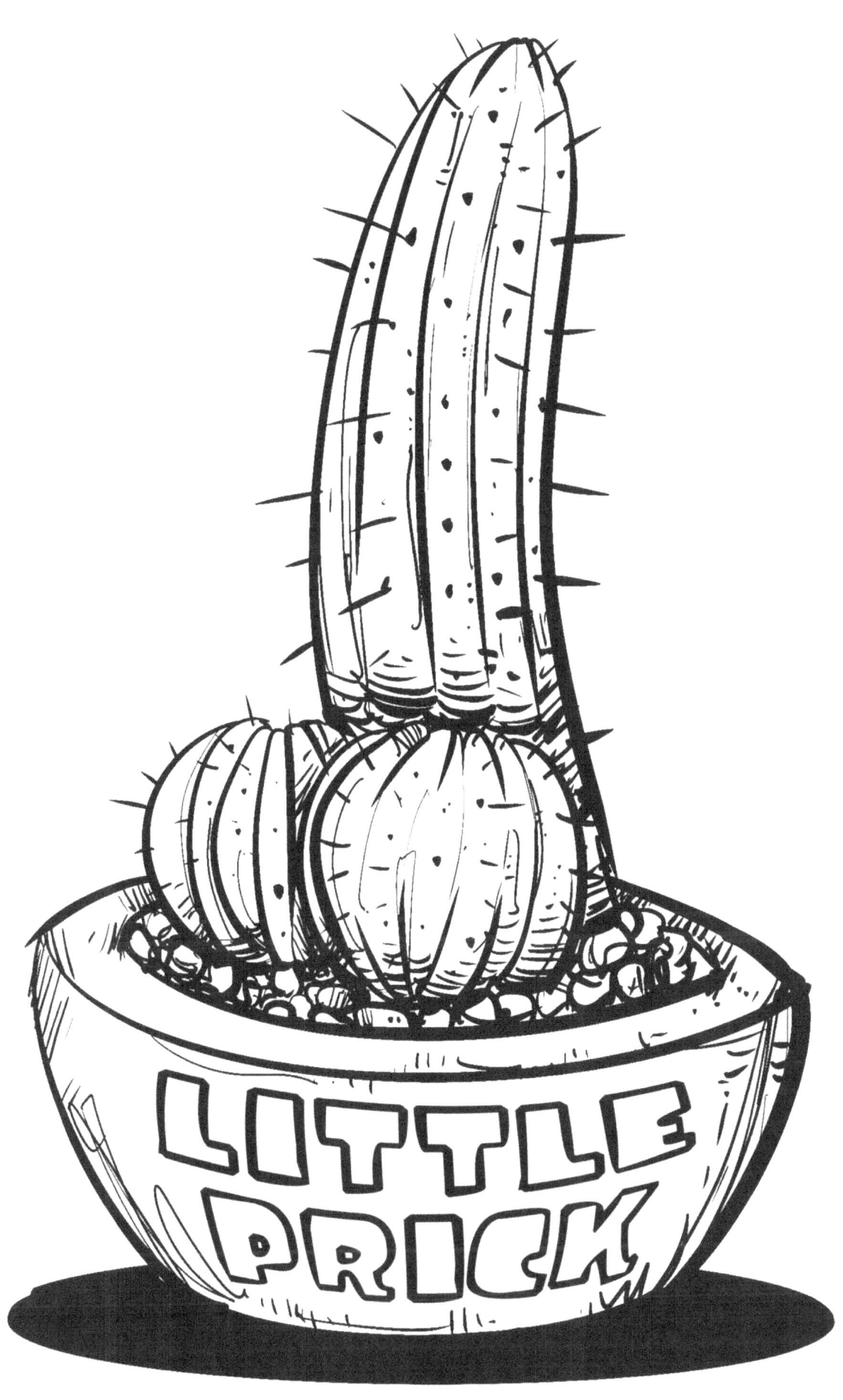

gearshift &
beaver

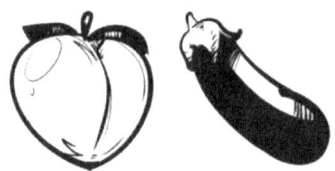

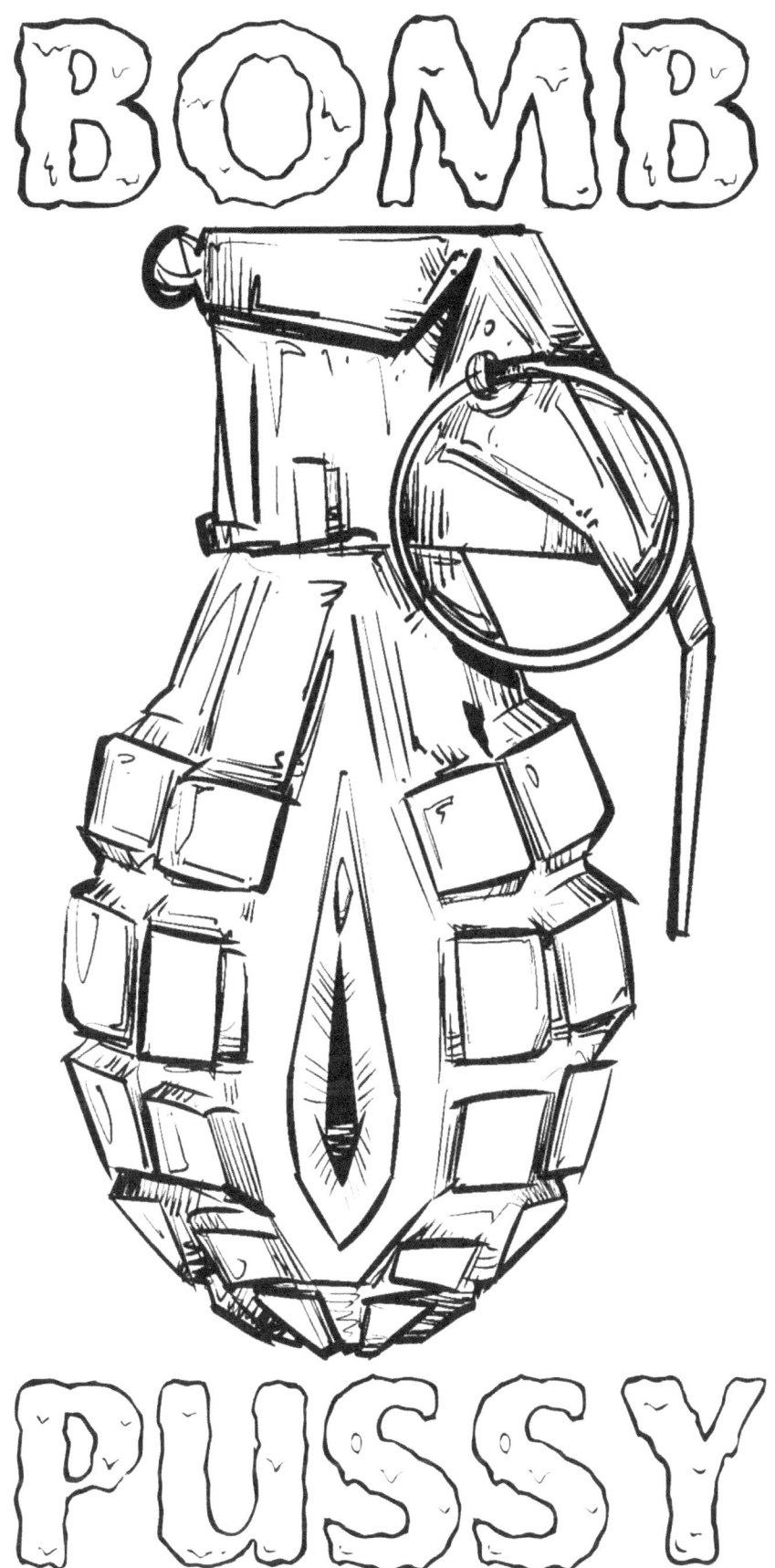

schlong & meat wallet

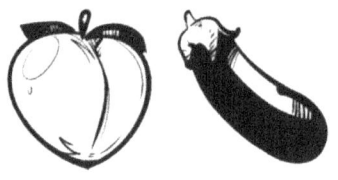

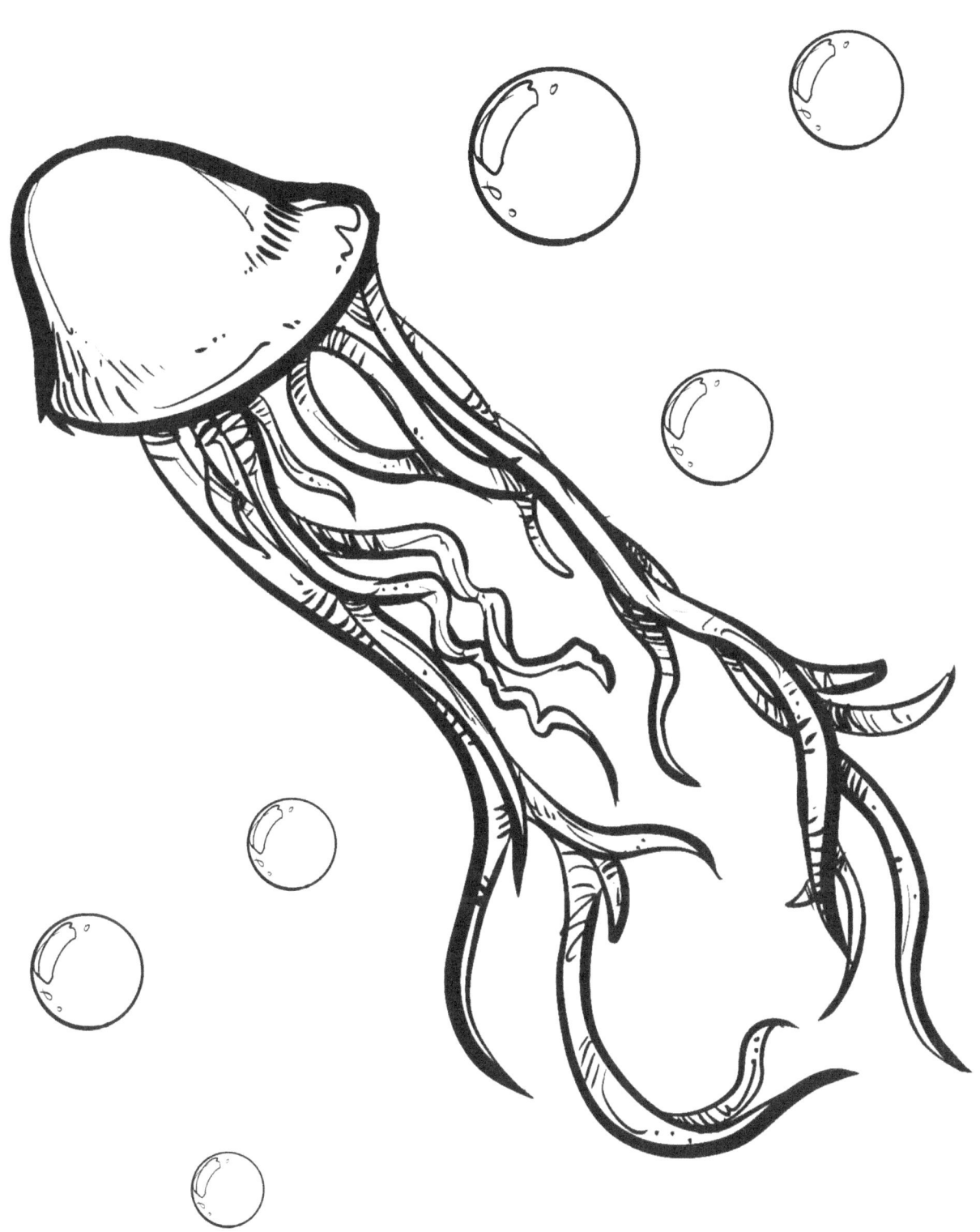

pork sword & ham sandwich

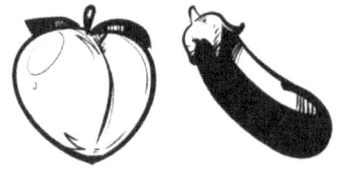

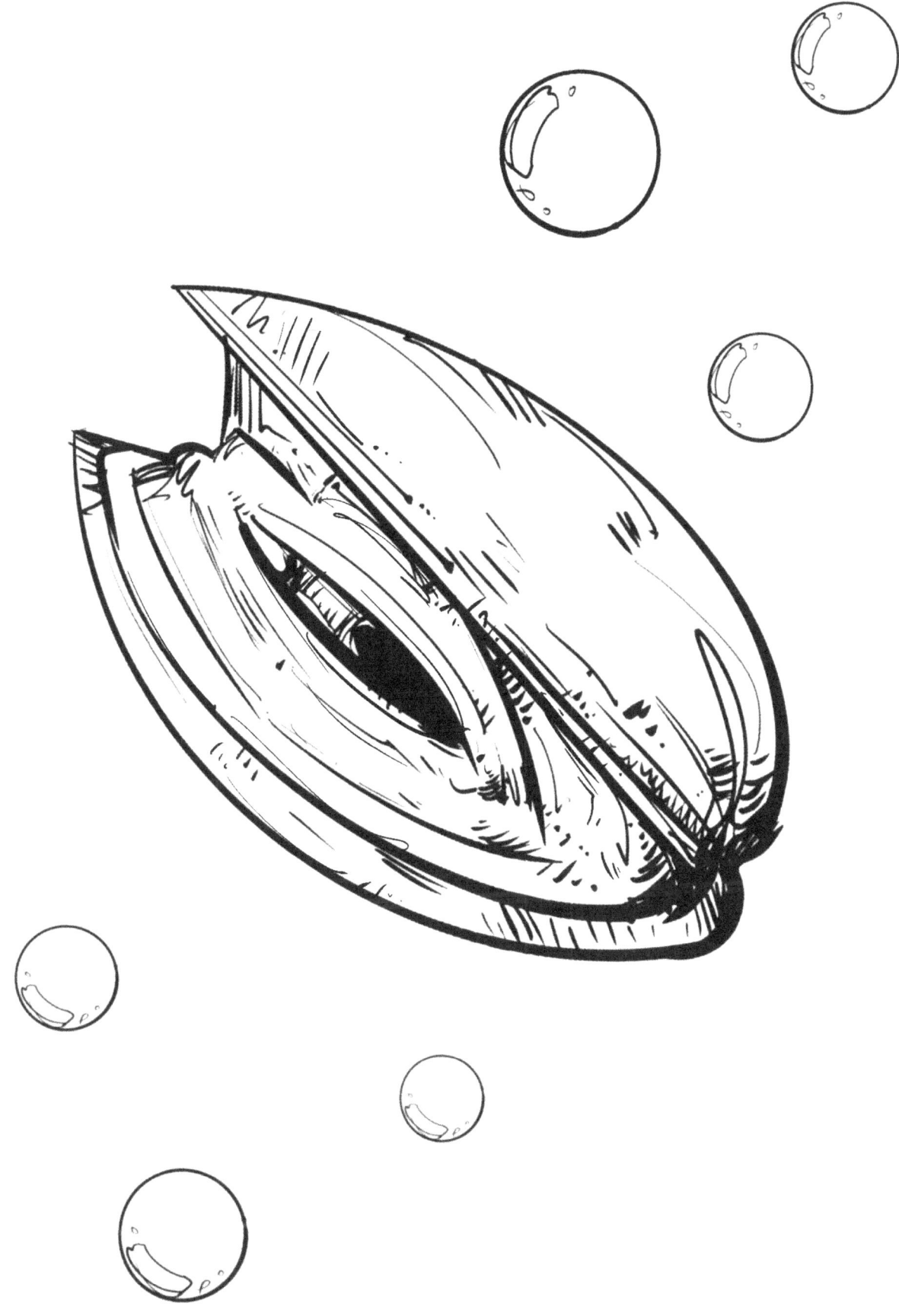

baby arm & lady bits

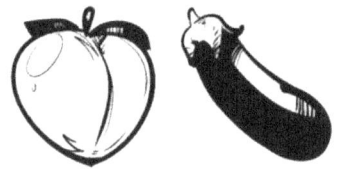

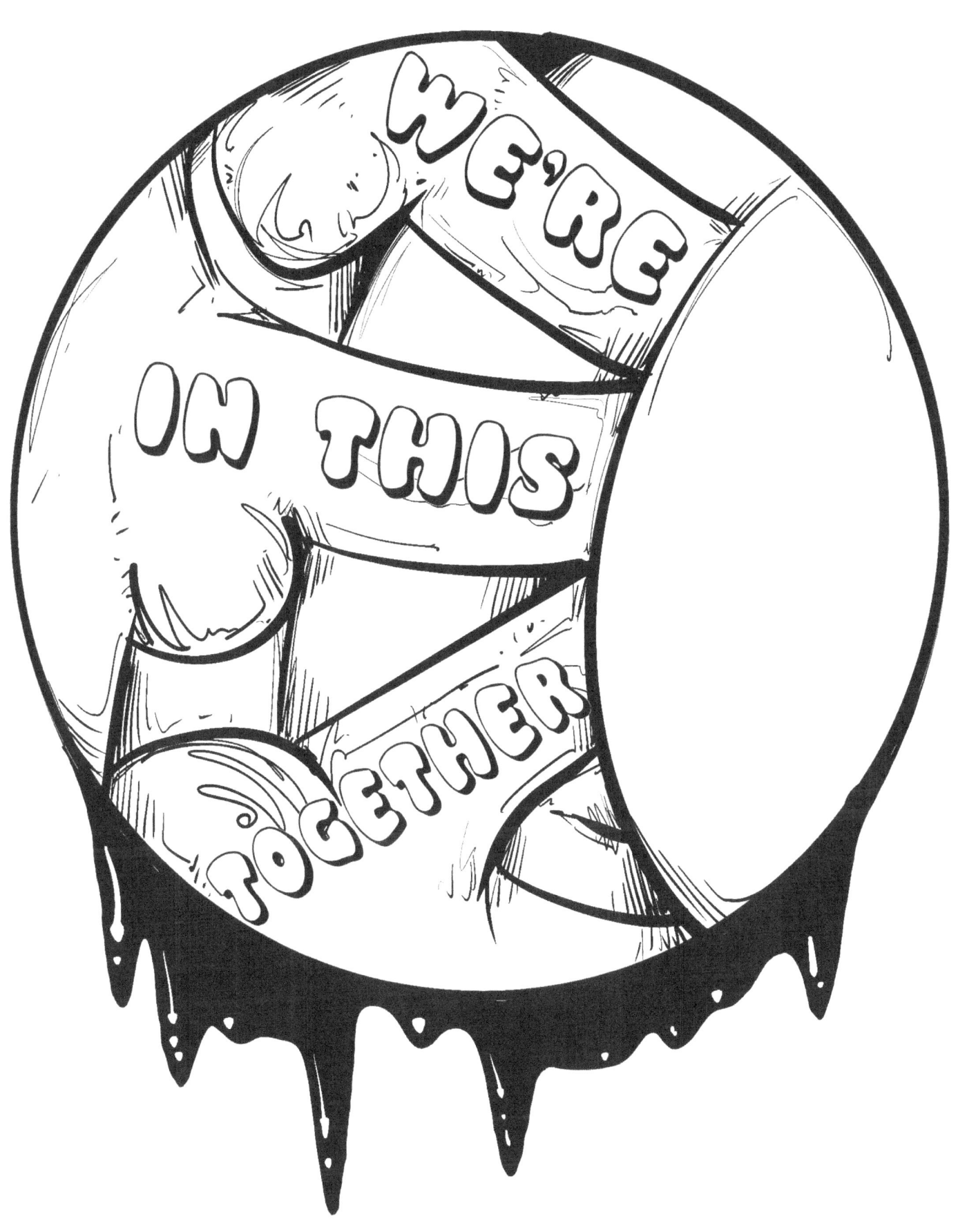

johnson & cum dumpster

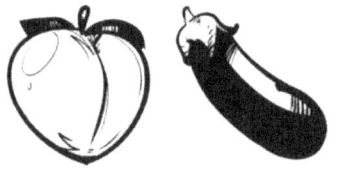

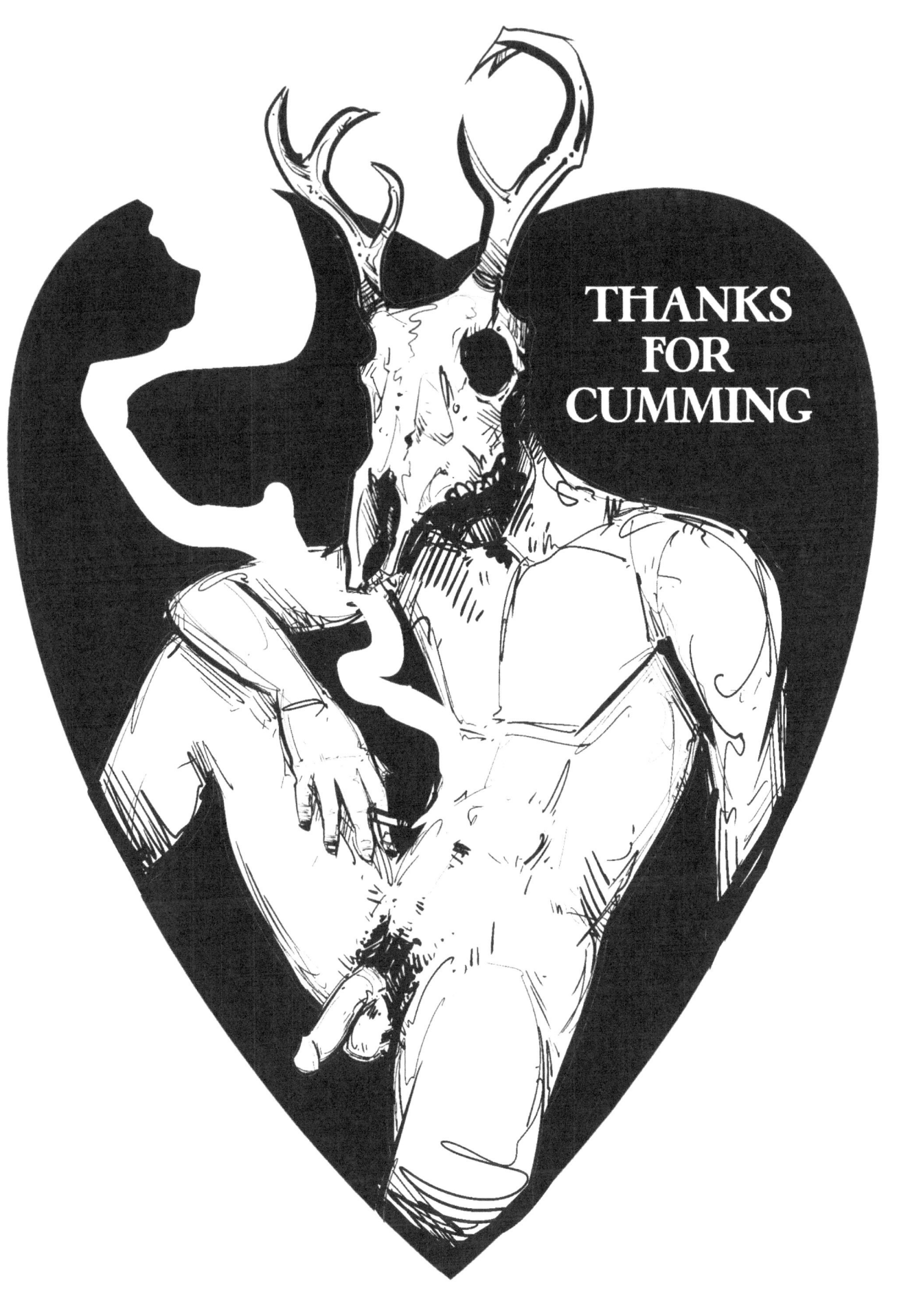

one-eyed monster & fish factory

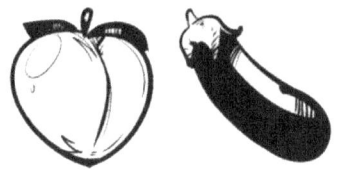

LVB WORD SEARCH

```
J W O L C Q P E E N K G G L L
H D X V M U Z M X H Z P B O M
R P P R U E K V Y R E P K X O
T I S U U V A O Y Y E J D V M
A L F B S Z A T B H A C V Z A
I B N H U S N G W C O C K C W
N F S J L T Y Z E A R U M L B
T G M H H Y T K I N L P G I I
N F N N A A L H V V E L Y T I
U O N U X F L W O Y T G E N M
B W X K T P T Q K L Q B D T I
D A I A X S S T K N E J V S W
B M L L M O I S T V N I U Q B
W S W L L C Y O W R O Z K K Z
I A H W S Y C W M H N Z E Q K
```

Meat wallet	Butthole	Vagene	Balls
Pussy	Shaft	Moist	Taint
Nuts	Cock	Willy	Peen
Clit	Jizz		

THANK YOU FOR YOUR PURCHASE!

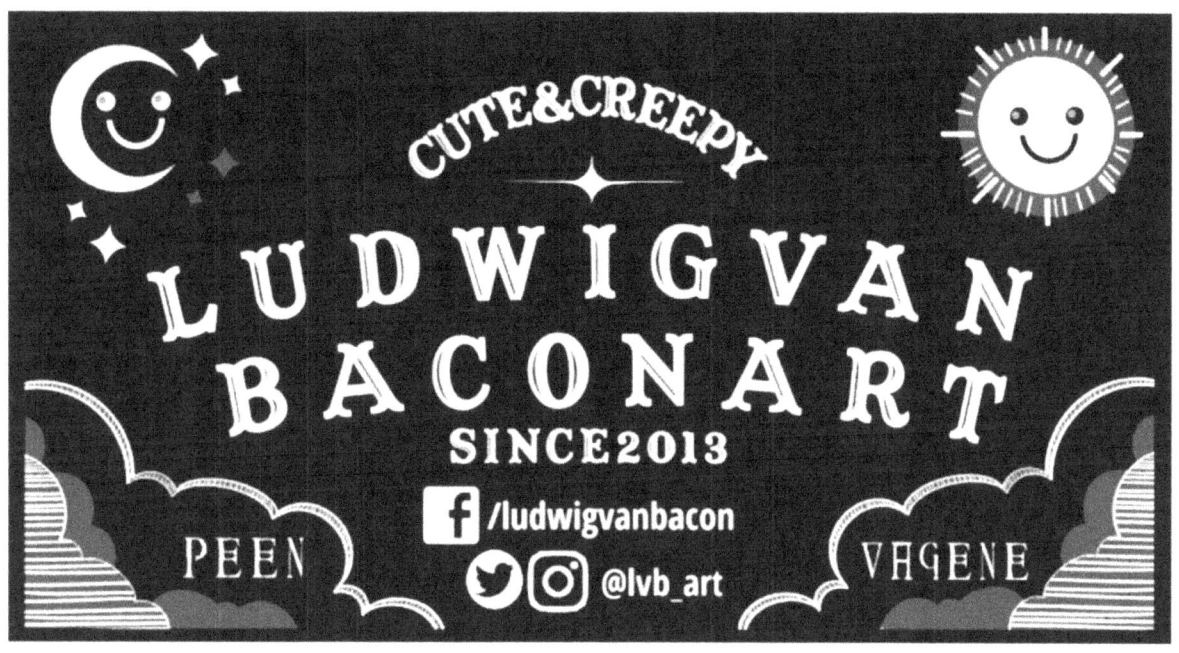

SUPPORT ME ON PATREON

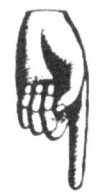

CONTACT ME

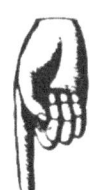

A very special thanks to my top tier Patreon subscribers (Fisters)

Bomma

Alabama Slammer

UlricaWolff

Linda Lee

Laura Demes

Kimberly Barrick

Jessica Haase

Jasmine Quinzel

Christopher Colon